LE NCWADI YENDLULAMITHI NGEKA:

_____

_____

_____

_____

MUNYE UMNTWANA INYE IMBEWU

INCWADI YASENINGIZIMU AFRIKA YOKUBALA

GIRAFFE BOOKS

Siyethula ku-Isis noMakeda – K.C.

First published 2002 by Frances Lincoln Limited
One Child One Seed copyright © Frances Lincoln Limited 2002

This MUNYE UMNTWANA INYE IMBEWU, edition published in South Africa 2004 by
Pan Macmillan SA (Pty) Ltd,
Hyde Park Corner, Hyde Park, 2196

Text copyright © Kathryn Cave 2002
Photographs copyright © Oxfam Activities Limited and Gisèle Wulfsohn 2002

ISBN 1-920016-15-5

Printed by Pinetown Printers
2004

Abakwa-Oxfam nabashicileli bathanda ukuzwakalisa ukubonga kwabo kuNothando nomndeni wakhe,
umphakathi wakubo esigodini saseNkandla, KwaZulu-Natal kanye nakuKwazi Mazibuko ngobambiswano ababenalo.

Abakwa-Oxfam bakholwa ukuthi wonke umuntu unelungelo lempilo enesithunzi kanye nenamathuba.
Ukusebenza nabanyenabantu sisebenzisa ubuhlakani bethu kanye nolwazi oluNzulu lokusebenzisa imali kahle nokwenza izinto
ezithile zokusebenza. Ukusuka ekusebenzisaneni bukhoma nabathile kuya ekukhuthazeni umhlaba wonke sihlose ukukhuthaza
ukuthi labo abahlupheke kakhulu emhlabeni bakwazi ukuzenzela ikusasa elingabadingi abakwa-Oxfam.

MUNYE UMNTWANA INYE IMBEWU

INCWADI YASENINGIZIMU AFRIKA YOKUBALA

Kathryn Cave • Izithombe nguGisèle Wulfsohn
Ihunyushwe nguMeshack M. Masondo

Ebambisene nabakwa – Oxfam

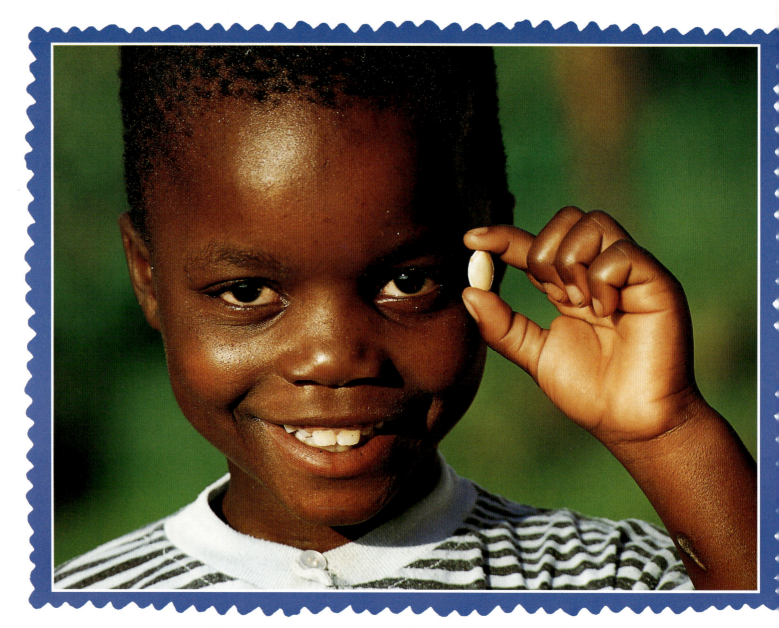

Munye umntwana, inye imbewu

UNothando uhlala no-anti wakhe uNomusa (ogqoke okubomvu) kanye nogogo wakhe uBetty (ogqoke okuluhlaza isibhakabhaka). Udade wabo omdala kanye nomama wakhe bangasesandleni sokudla esithombeni, bese kuthi umfowabo abe ngakwesobunxele. Bakhelene ngakho bachitha isikhathi esiningi benoNothando.

Nangu uNothando nembewu yakhe yethanga. Uhlala eNingizimu Afrika, lapho amathanga emila khona ihlobo lonke.

 **Zimbili** izandla zokutshala imbewu.

UNothando ugqiba imbewu yethanga emhlabathini. NguNovemba, ekuqaleni kwehlobo. Izimvula zasehlobo zizosiza imbewu ukuthi imile. Ngo Febhuwari, izobe isikhule yaba ithanga elikhulu ngokwanele ukuthi lingadliwa.

Isigodi ahlala kuso uNothando sisesifundeni esibizwa ngokuthi iNkandla. Indlu enkulu inekhishi, indlu yokuhlala kanye nendlu yokulala.

Izidongwa zayo (ezikhonjiswe esithombeni) zakhiwe ngezingodo, udaka kanye notshani. Zipulasiteliwe zase zipendwa. Uphahla lwakhiwe ngothayela. Ngaphandle kukhona ezinye izindlu ezintathu ezifulelwe ngotshani ezibizwa ngokuthi olondo, abasetshenziselwa ukupheka nokugcina impahla.

11

 **3 Zintathu** izindlela zokuyisiza ukuthi ikhule.

Umfowabo kaNothando, uSiphelele unesipeto amba ngaso ukhula. Umngani wabo uNobuhle unamanzi ebhakedeni lakhe azosiza isitshalo esincane ukuba sihlale siphilile ngenkathi izulu lomisile. UNothando yena usiza ngegeja.

Ngeminye imiyaka izimvula zesehlobo zibankulu kakhulu, bese umfula ogeleza unqamule eNkandla ugugula. Amanzi amaningi mabi ezitshalweni: ziyabola, bese kuthi uma amanzi esegeleze edlula kube nomsebenzi omkhulu wokuhlanza. Abesifazane benza lo msebenzi ngezandla, besizwa zingane.

 **Zine** izidalwa ezibukayo.

Zonke izilwane ezikulesi sigodi kumele zigcinelwe izidingo ezithile. Izinkomo zifuyelwe ubisi nenyama uma sezikhule ngokwanele. Izinkukhu zona zifuyelwe ukukhiqiza amaqanda nenyama uma sezikhule ngokwanele. Amakathi nezinja zenza umsebenzi wokuxosha nokubamba amagundane.

Uma lezi zinkomo zingasondela kakhulu zizonyathela isitshalo esincane sethanga, noma zisidle.Ubani ozogada ukuthi azikwenzi lokho? Umzala kaNothando uMongezi nguye othola lowo msebenzi. Ungumelusi wezinkomo zomndeni.

 **Bahlanu** abangani abazothatha ithanga.

Kungavunwa nangayiphi inyanga ngoba izitshalo zitshalwa unyaka wonke. Emasimini nasezingadini zezitshalo ungathola amakhabishi, isipinashi, ubhethiluthu, amazambane, ubhontshisi nombila.

Ugaba lwethanga selomile. Lokho kusho ukuthi ithanga selivuthiwe. Sekuyisikhathi sokuba uNothando nabangani bakhe balithathe balise ekhaya.

 Ziyisithupha izinto ezizothengwa.

Isitolo athenga kuso uSibongile siyibanga elingathatha imizuzu elishuma ukusuka ekhaya uyakuso uhamba ngezinyawo. Idolobha iNkandla lona likude kakhulu, futhi akukho izitolo iziningi kulo, zimbadlwana nje ezithengisa ukudla nezingubo kuphela. Kukhona imakethe yabalimi futhi.

Manje sekuyisikhatha sokuguqula ithanga libe idili! UNothando uya esitolo ukuyothenga ushukela, impuphu, isinkwa, ibhotela kanye nesiphuzo esenziwe ngojuzi wezithelo. Ukhali kuzo kwenziwa ngawo ukhali wezitshalo, kusasa.

 **Bayisikombisa** abahambi abakhathele.

Uhambo olude oluya ekhaya kuyodliwa idina emuva kokusebenza engadini yezitshalo. Kodwa-ke iyonandlela abantu abaningi abafika ngayo lapha: zinyawo.

Imigwaqo yaseNkandla ilubhuqu, futhi ngezikhathi zemvula ayisebenziseki. Uma kungemanzi kakhulu, le liveni elincanyana lisebenza njengethekisi kathathu ngelanga ukusuka esikoleni sikaNothando kuya edolobheni nokubuya futhi. Uhambo oluthatha ingxenye yehora ibiza amarandi ayisi-6 uhambo ngalunye.

Idolobhakazi eliseduze iTheku, elingamakhilomitha angama – 300 ukuya kulo. UNothando ulangazelela ukuya khona ngelinye ilanga

 **Ziyisishiyagalombili**
izingcezu zethanga elivuthiwe.

Namuhla kusihlwa u-anti uNomusa ungumpheki ophambili. Uqala ngokususa amakhasi kumbe uqwanga lwethanga. Usuka lapho akhiphe izimpuzi, bese esika ithanga libe zingcezwana. Libukeka selilincane kakhulu manje. Nokho asethembe ukuthi kuzokuba nokudla okwanele.

U-anti uNomusa uxuba ithanga eliphekiwe nempuphu ukuze kushube, bese efaka ushukela ukuze kube mnandi. Abanayo ifiliji lapha ekhaya ngakho-ke ukudla kumele kuphekwe kudliwe kuphele kungakonakali.

Imindeni emingi ayikwazi ukupheka kabili noma ngaphezulu ngelanga elilodwa, ikakhulukazi ntambama. Labo abakwaziyo, benza ukudla kwasemini nantambama: badla isobho likabhontshisi noma inkukhu nephalishi. Ekuseni kuvame ukudliwa imaki yetiye kanye nesinkwana.

9 Bayisishiyagalolunye
abadli abalambile abalindele idili.

Imidlalo iyona okuchithwa ngayo isikhathi, bathi bethuka kube sekudlule nedina ngokushesha. Ugxa, umdlalo othandwa nguNothando kakhulu. Kwenziwa izikwele phansi, bese ugxuma ngonyawo olulodwa ukhahlela itshe ukuze lingene esikweleni. Uma itshe ligeje ukungena esikweleni esifanele, sewuphumile.

Imidlalo eminingi lapha isebenzisa izinto ezingathengwa, ezifana nezinduku namatshe.

UNomusa upheke ngebhodwe elikhulu ukudla kwesiZulu komdabu: 'isijingi'. Namhlanje ebusuku kuyashisa, ngakho-ke ukudla ukwenzela phandle. Bonke abantu bayama bebukele.

 **Ayishumi** amapuleti angedina aphakwe angqonga.

Uma sekuqediwe ukudla izingane ziyahlakazeka. Zigeza izitsha emthonjeni onamanzi abandayo oseduze kwendlu, zesule amapuleti ngezandla noma ngemfaduko izitsha zize zihlanzeke futhi.
   Isijingi sesiphele nya, manje. Inye kuphela ingxenye yethanga esele. Ungaqagela ukuthi iyiphi?

Sekuze kwaba isikhathi sedina ekugcineni. Kuningi ukudla kwabo bonke abantu.

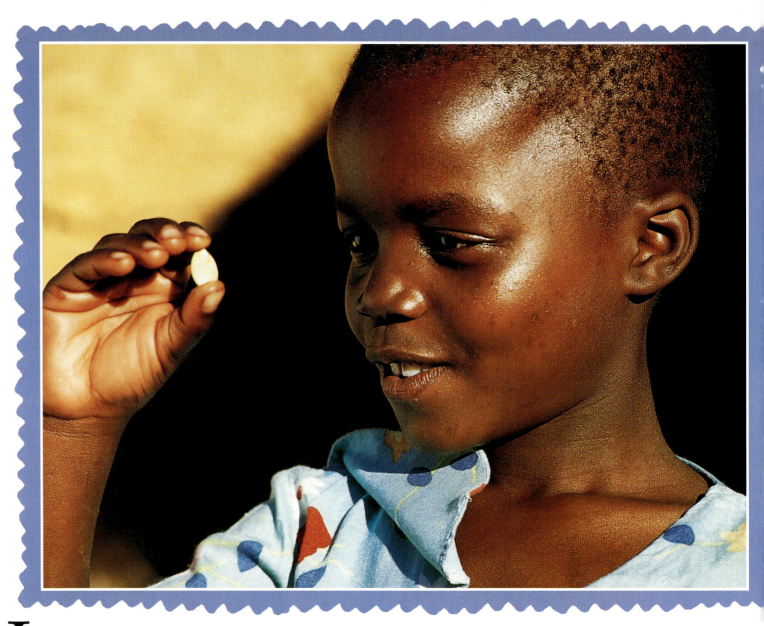

 **Inye** ingane, inye imbewu ezotshalwa ngesikhathi esizayo.

1 kunye
2 kubili
3 kuthathu
4 kune
5 kuhlanu
6 isithupha
7 isikhombisa
8 isishiyagalombili
9 isishiyagalolunye
10 ishumi